CURSIVE WRITING
small letters

Ages:
4-6 years

This book belongs to

MOONSTONE

a

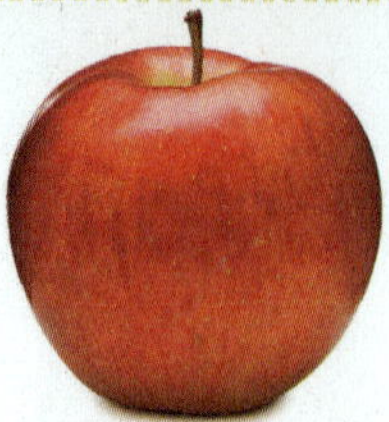

apple

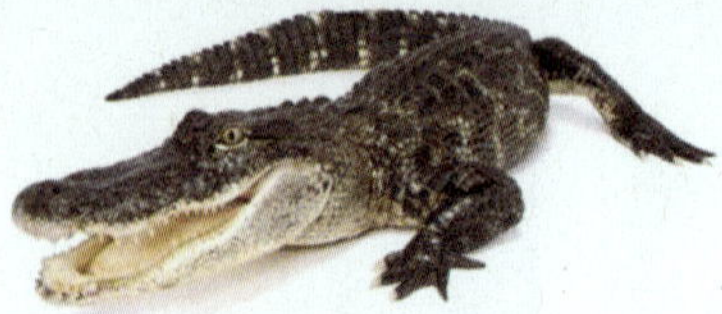

alligator

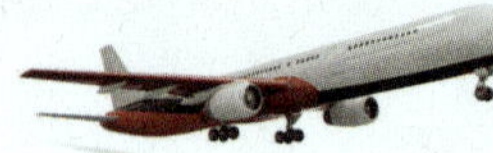

aeroplane

a	a	a	a	a	a	a	a	a	a
a	a	a	a	a	a	a	a	a	
a	a	a	a	a	a	a	a		
a	a	a	a	a	a	a			
a	a	a	a	a	a				
a	a	a	a	a					
a	a	a	a						
a	a	a							

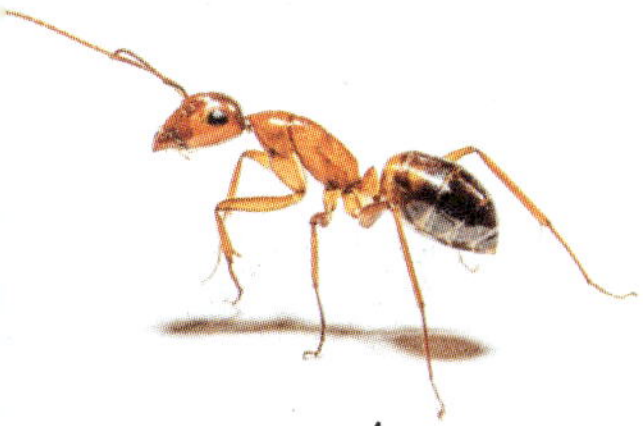

ant

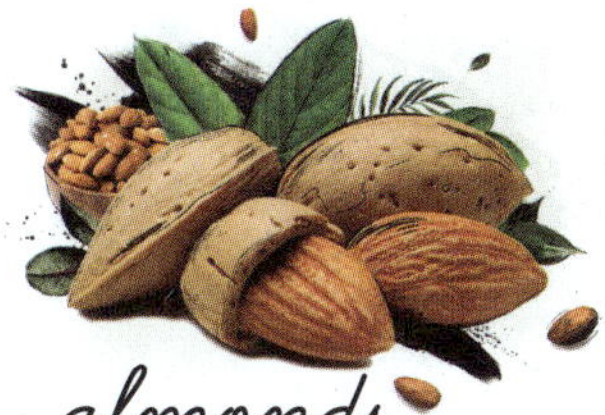

almonds

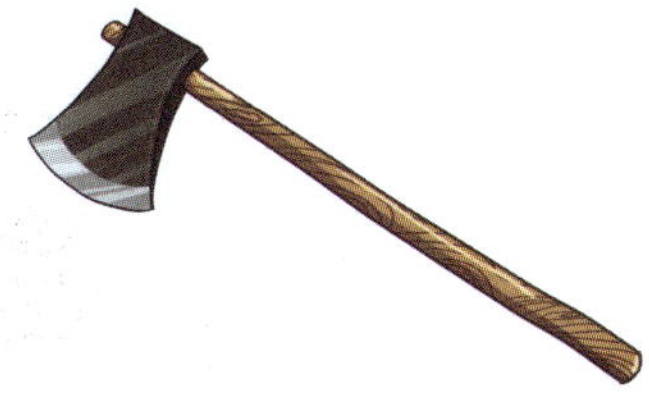

axe

a a a a a a a a a a

a a a a a a a a a

a a a a a a a a

a a a a a a a

a a a a a a

a a a a a

a a a a

a a a

b

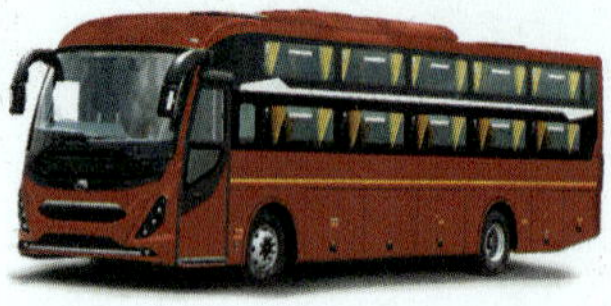

bus

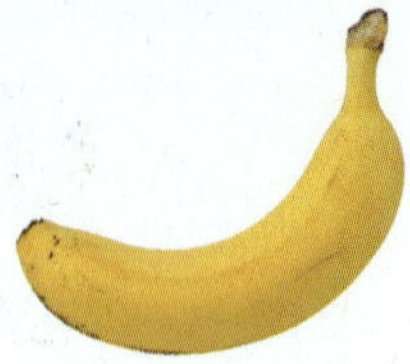

banana

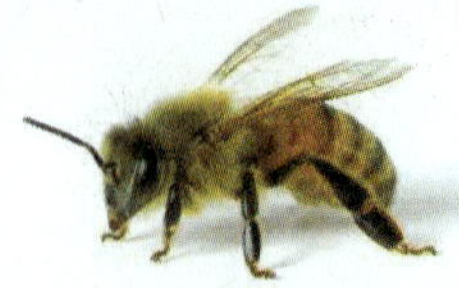

bee

b b b b b b b b b b

b b b b b b b b b

b b b b b b b b

b b b b b b b

b b b b b b

b b b b b

b b b b

b b b

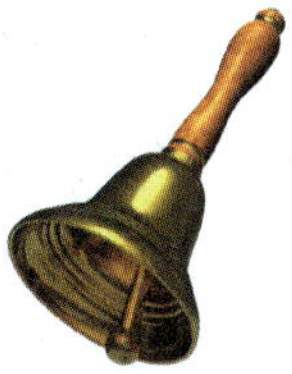
bell

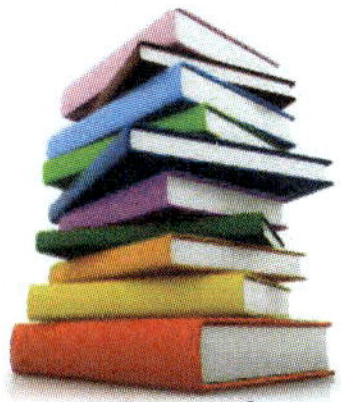
books

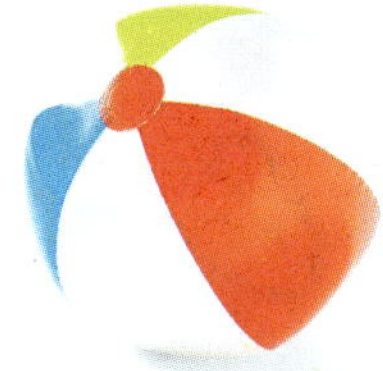
ball

b	b	b	b	b	b	b	b	b	b
b	b	b	b	b	b	b	b	b	
b	b	b	b	b	b	b	b		
b	b	b	b	b	b	b			
b	b	b	b	b	b				
b	b	b	b	b					
b	b	b	b						
b	b	b							

c

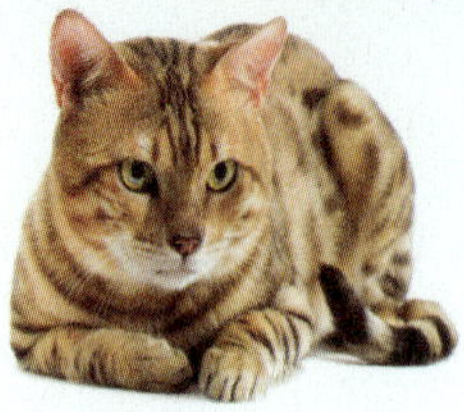

cat

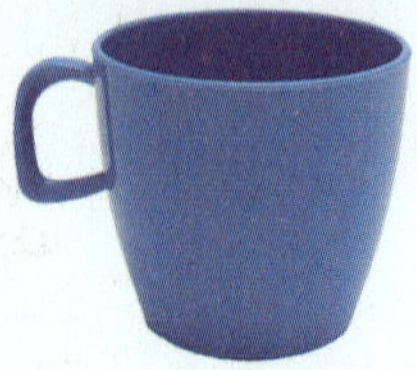

cup

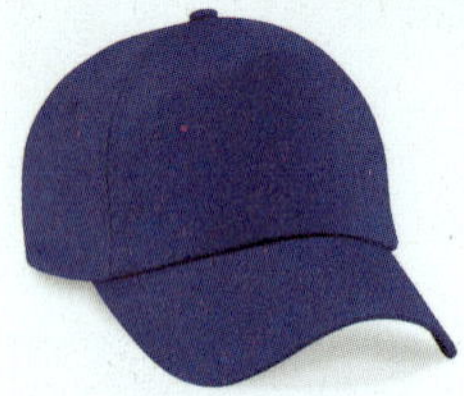

cap

c	c	c	c	c	c	c	c	c	c
c	c	c	c	c	c	c	c	c	
c	c	c	c	c	c	c	c		
c	c	c	c	c	c	c			
c	c	c	c	c	c				
c	c	c	c	c					
c	c	c	c						
c	c	c							

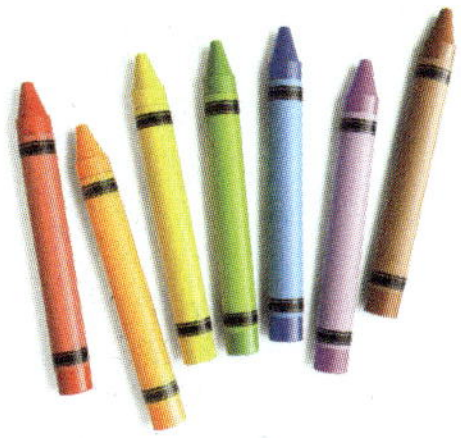
crayons

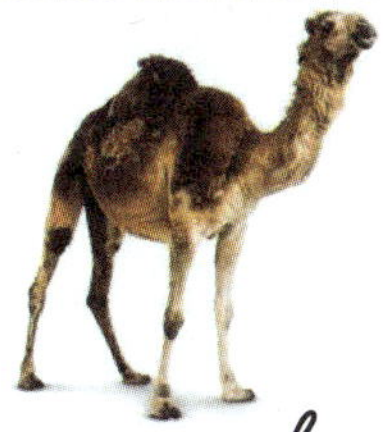
camel

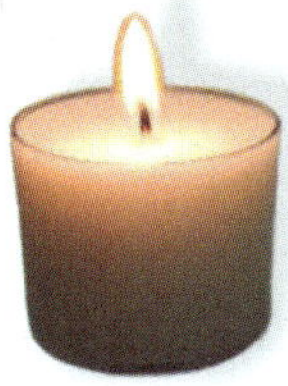
candle

c	c	c	c	c	c	c	c	c	c
c	c	c	c	c	c	c	c	c	
c	c	c	c	c	c	c	c		
c	c	c	c	c	c	c			
c	c	c	c	c	c				
c	c	c	c	c					
c	c	c	c						
c	c	c							

d

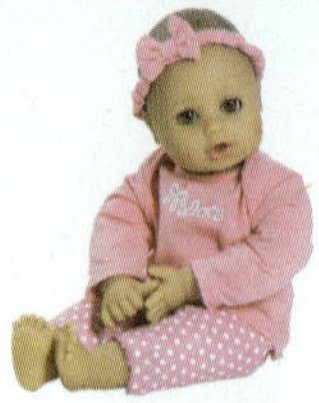

doll

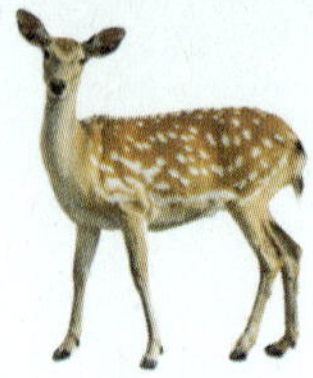

deer

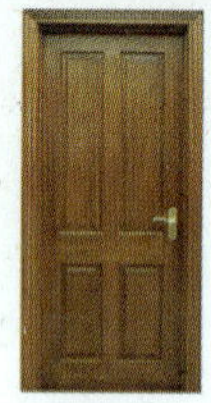

door

d d d d d d d d d d

d d d d d d d d d

d d d d d d d d

d d d d d d d

d d d d d d

d d d d d

d d d d

d d d

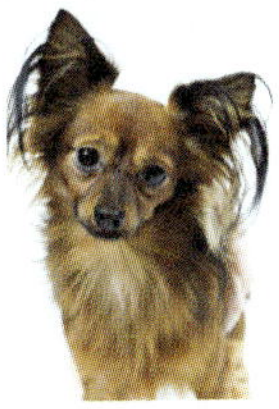

dog

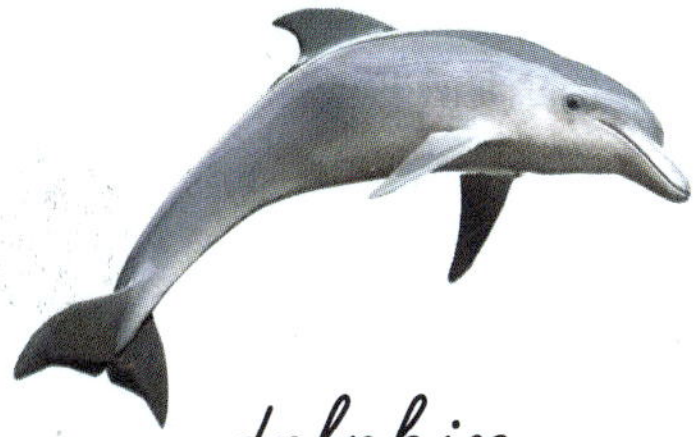

dolphin

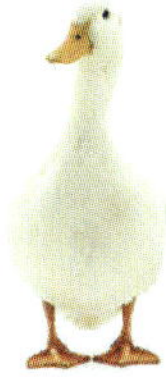

duck

d	d	d	d	d	d	d	d	d	d
d	d	d	d	d	d	d	d	d	
d	d	d	d	d	d	d	d		
d	d	d	d	d	d	d			
d	d	d	d	d	d				
d	d	d	d	d					
d	d	d	d						
d	d	d							

e

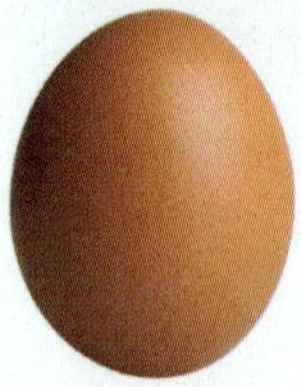

egg

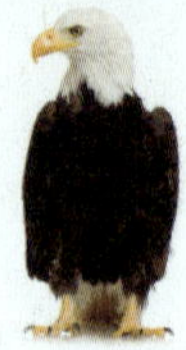

eagle

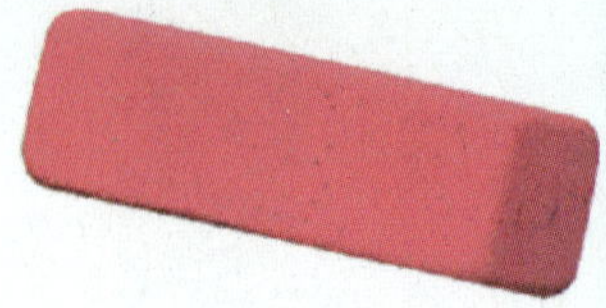

eraser

e e e e e e e e e e

e e e e e e e e e

e e e e e e e e

e e e e e e e

e e e e e e

e e e e e

e e e e

e e e

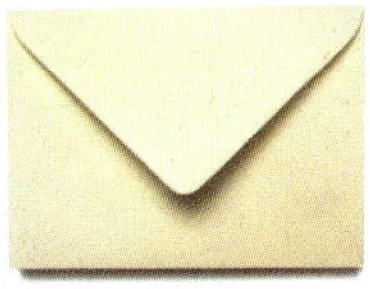

envelope

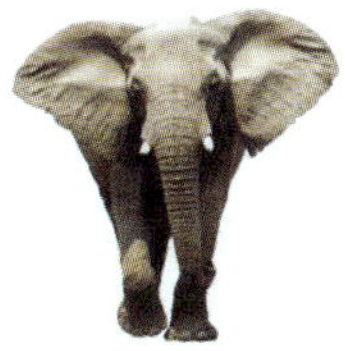

elephant

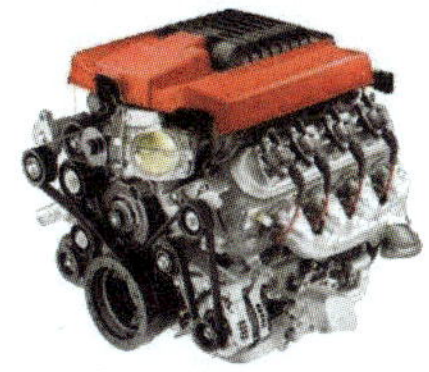

engine

e e e e e e e e e e

e e e e e e e e e

e e e e e e e e

e e e e e e e

e e e e e e

e e e e e

e e e e

e e e

f

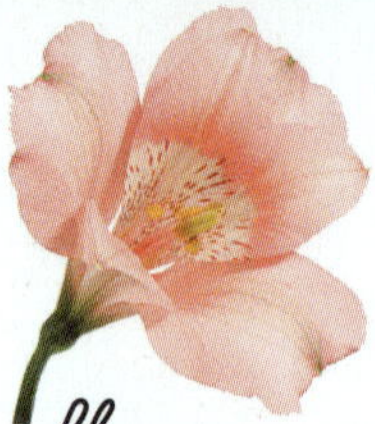

flower

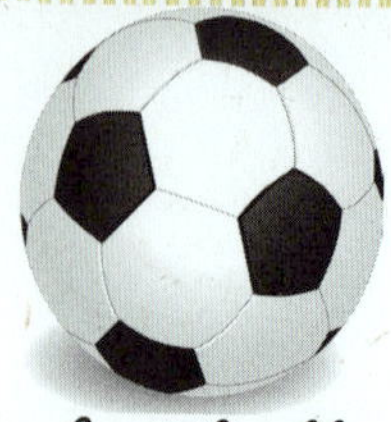

football

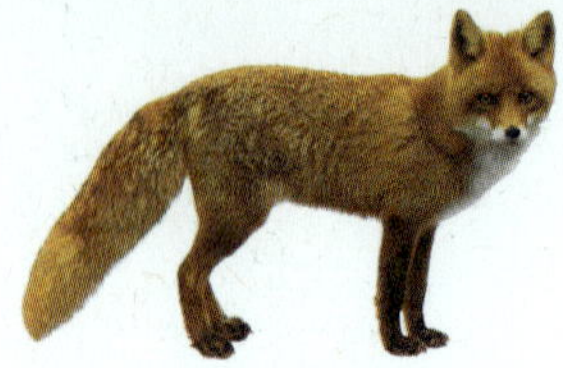

fox

f f f f f f f f f f

f f f f f f f f f

f f f f f f f f

f f f f f f f

f f f f f f

f f f f f

f f f f

f f f

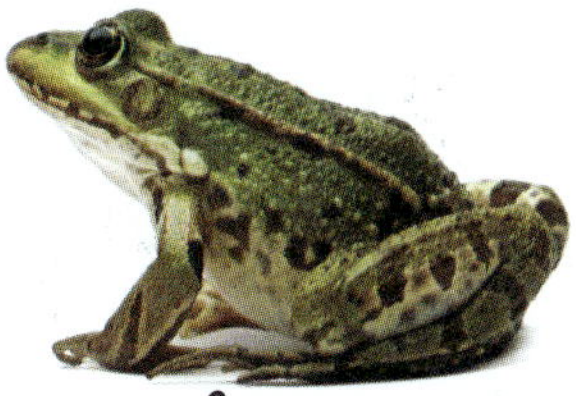

frog

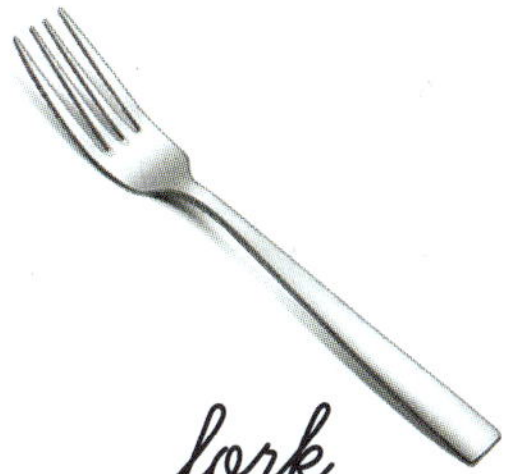

fork

fan

f f f f f f f f f f

g

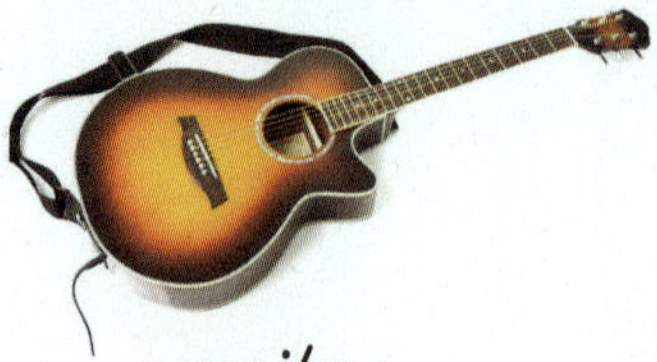

guitar

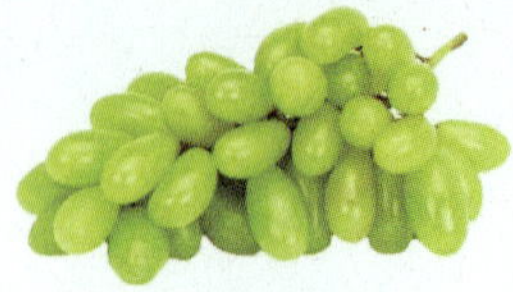

grapes

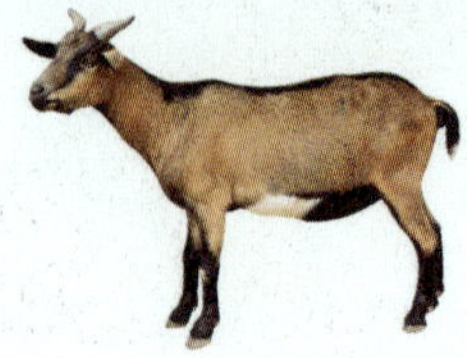

goat

g g g g g g g g g g

g g g g g g g g g

g g g g g g g g

g g g g g g g

g g g g g g

g g g g g

g g g g

g g g

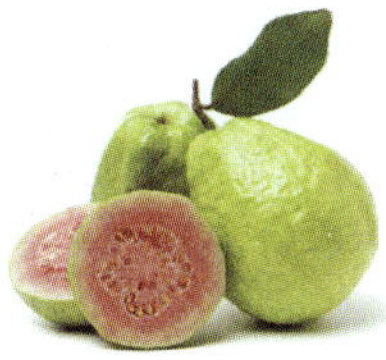

guava

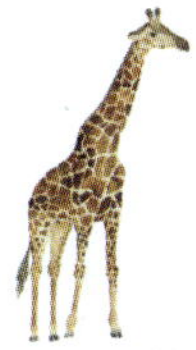

giraffe

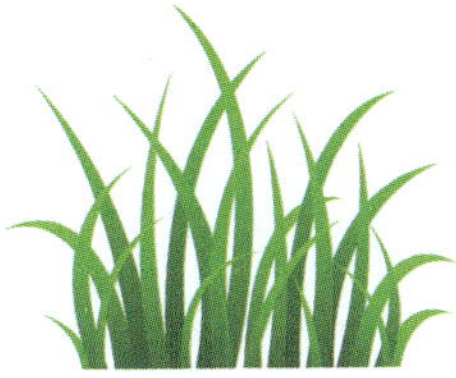

grass

h

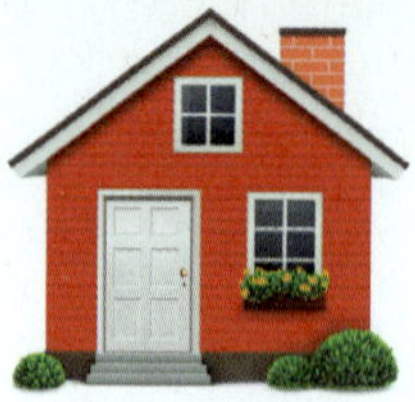

house

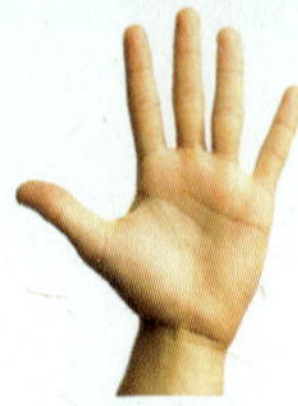

hand

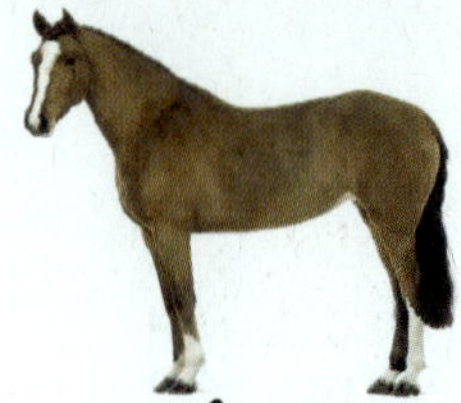

horse

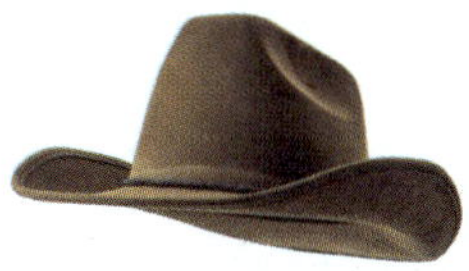

hat

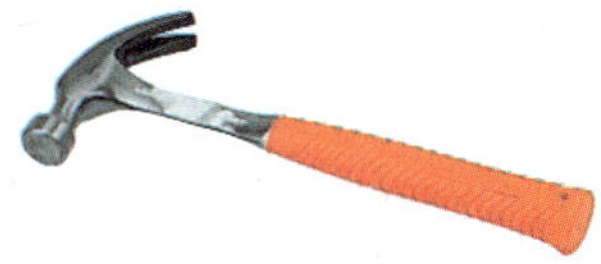

hammer

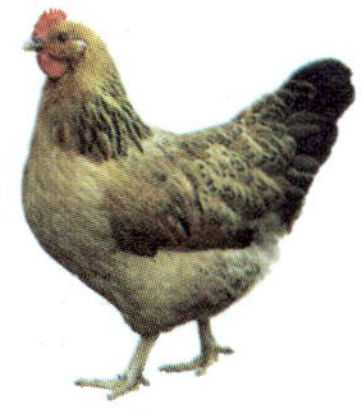

hen

h h h h h h h h h h

i

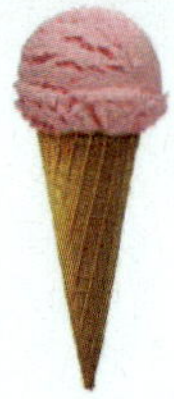

ice cream

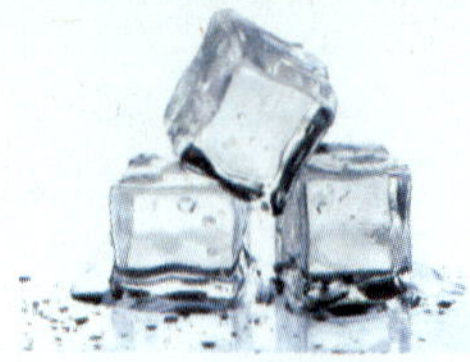

ice cubes

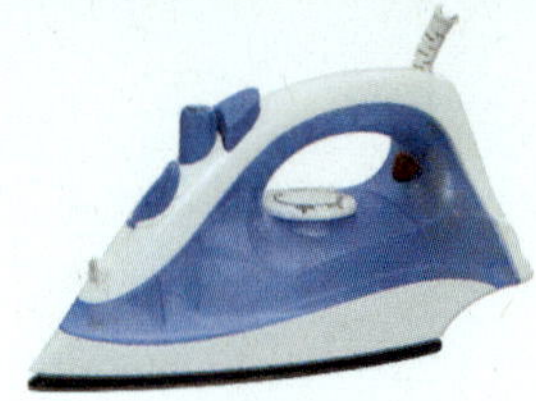

iron

i i i i i i i i i i

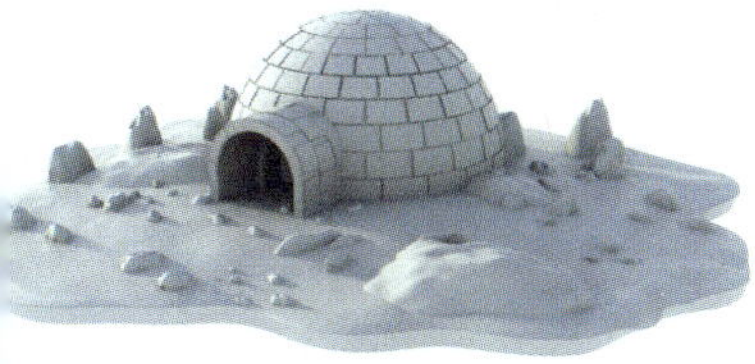

igloo

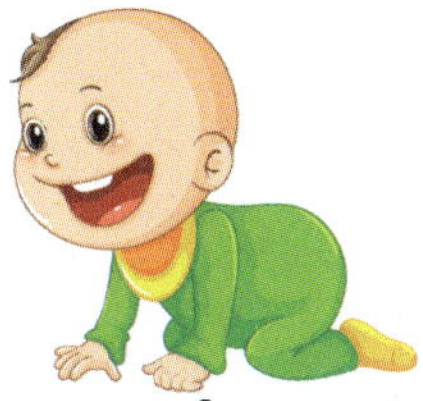

infant

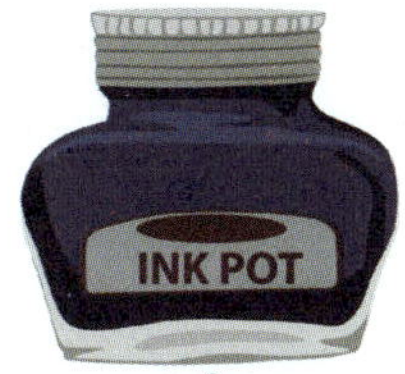

inkpot

i i i i i i i i i i

i i i i i i i i i

i i i i i i i i

i i i i i i i

i i i i i i

i i i i i

i i i i

i i i

j

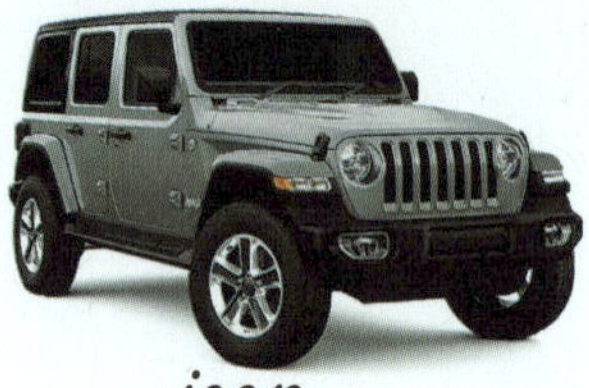

jeep

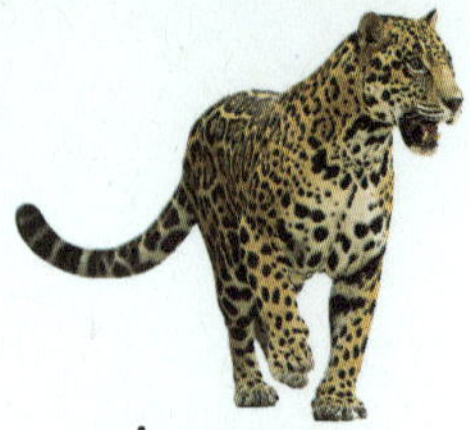

jaguar

joker

j j j j j j j j j j

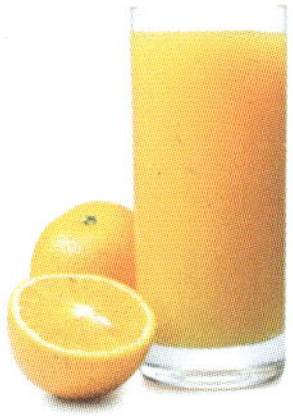

juice

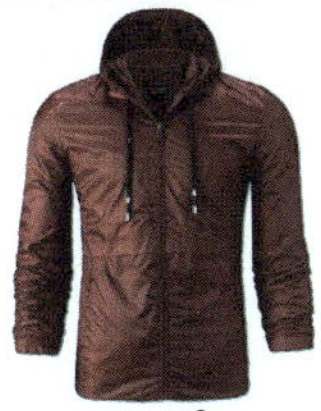

jacket

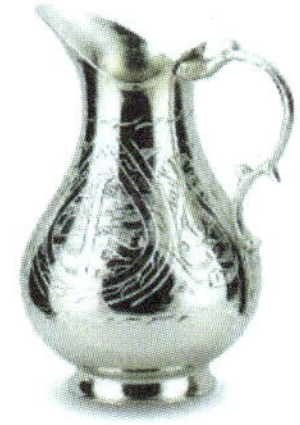

jug

j j j j j j j j j j

k

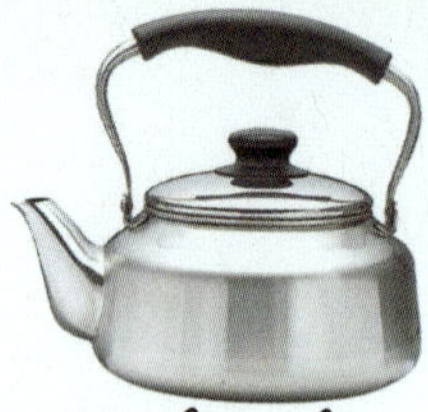

kettle

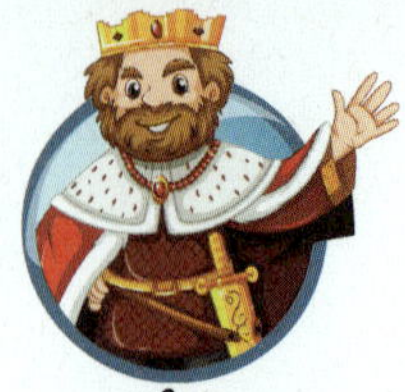

king

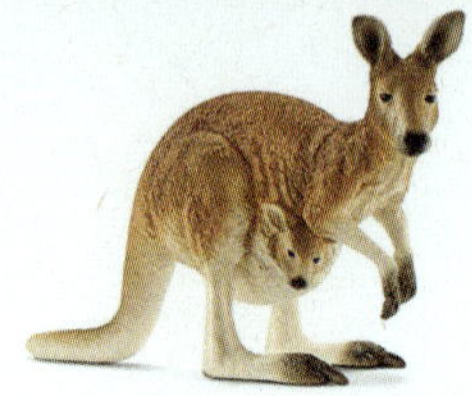

kangaroo

k k k k k k k k k k

k k k k k k k k k

k k k k k k k k

k k k k k k k

k k k k k k

k k k k k

k k k k

k k k

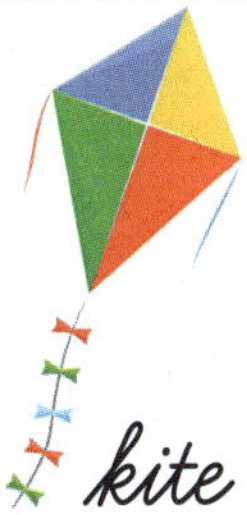

kite

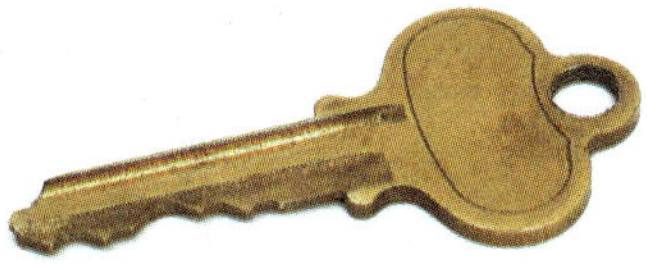

key

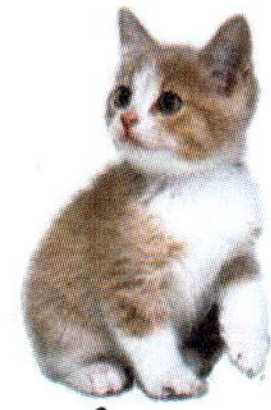

kitten

k	k	k	k	k	k	k	k	k	k
k	k	k	k	k	k	k	k	k	
k	k	k	k	k	k	k	k		
k	k	k	k	k	k	k			
k	k	k	k	k	k				
k	k	k	k	k					
k	k	k	k						
k	k	k							

l

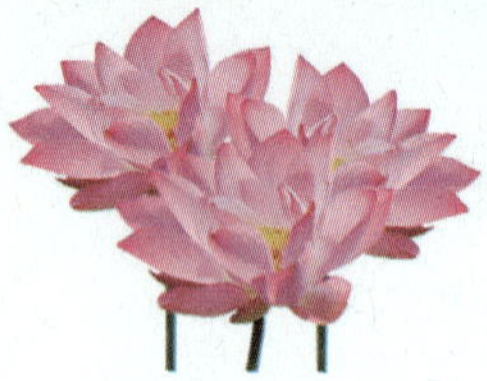

lotus

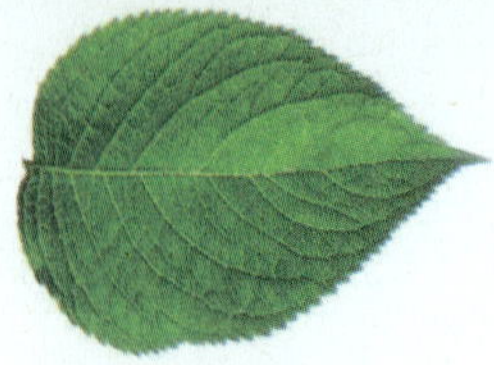

leaf

lock

l l l l l l l l l l

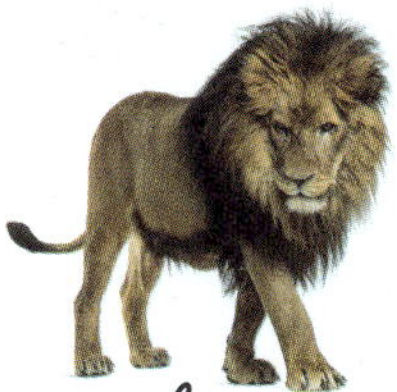

lion

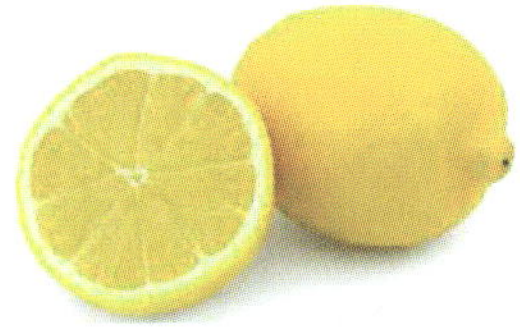

lemon

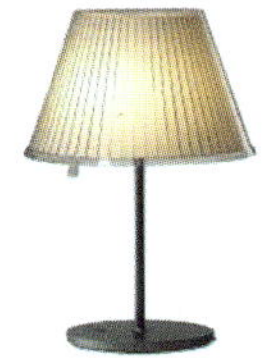

lamp

l l l l l l l l l l

m

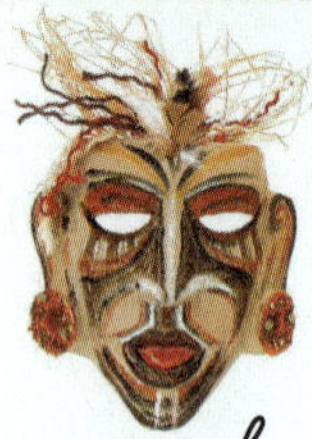

mask

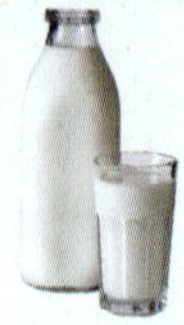

milk

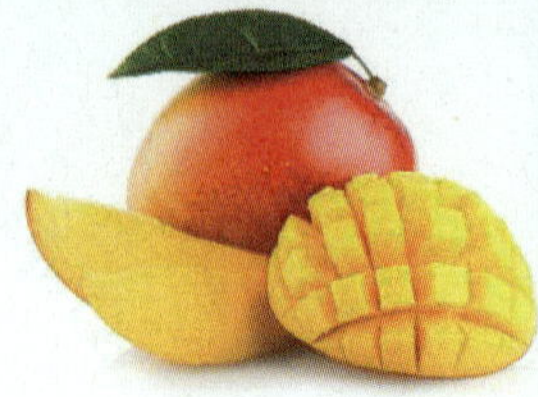

mango

m m m m m m m m m m

m m m m m m m m m

m m m m m m m m

m m m m m m m

m m m m m m

m m m m m

m m m m

m m m

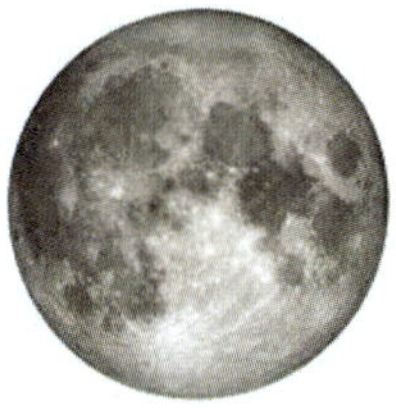

moon

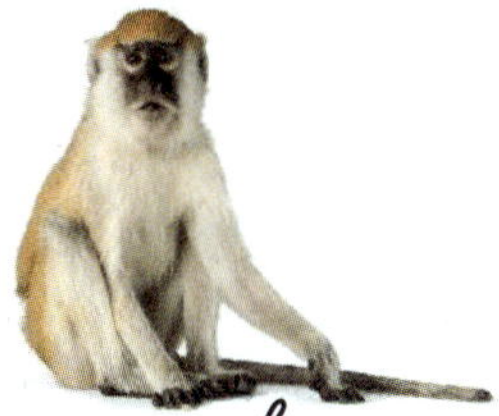

monkey

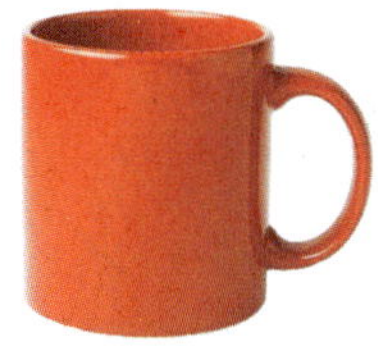

mug

n

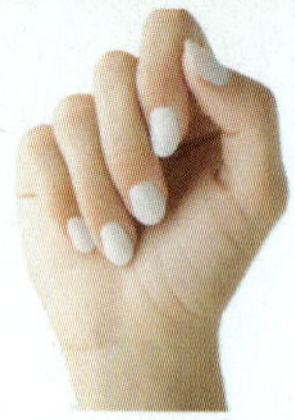

nail

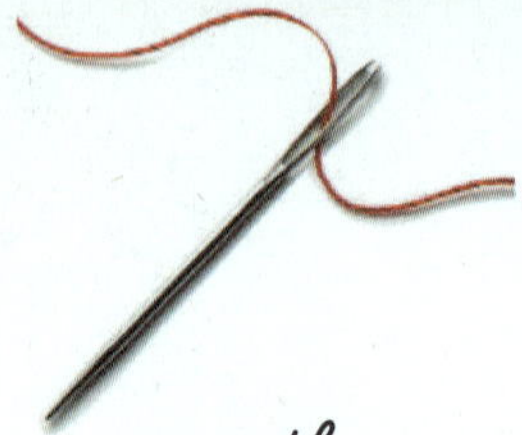

needle

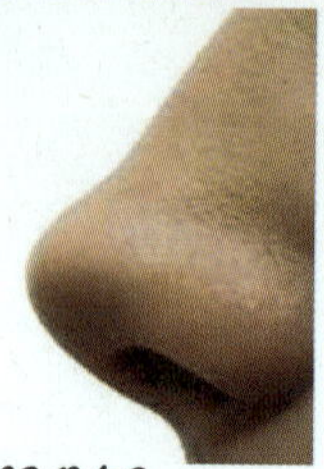

nose

n	n	n	n	n	n	n	n	n	n
n	n	n	n	n	n	n	n	n	
n	n	n	n	n	n	n	n		
n	n	n	n	n	n	n			
n	n	n	n	n	n				
n	n	n	n	n					
n	n	n	n						
n	n	n							

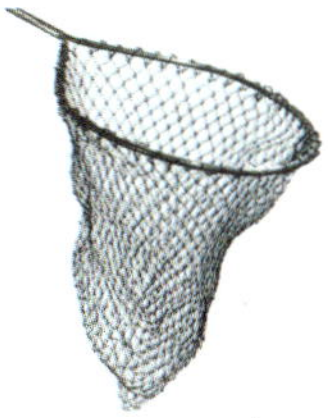
net

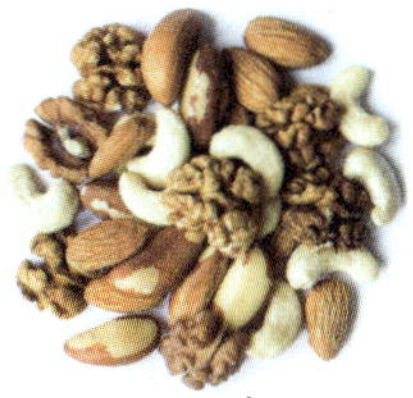
nuts

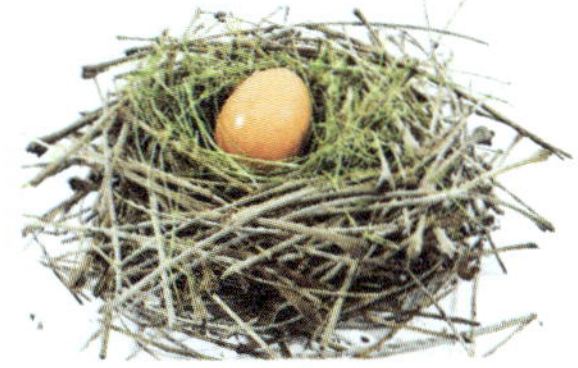
nest

O

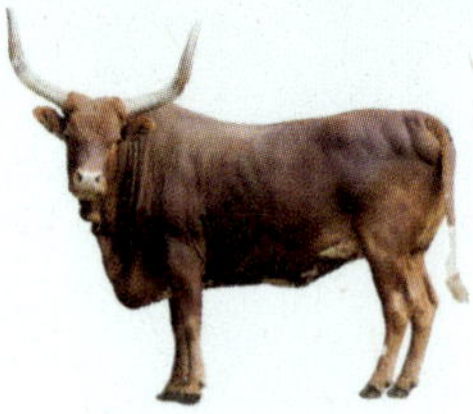

ox

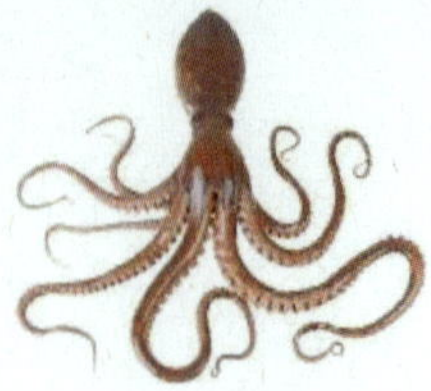

octopus

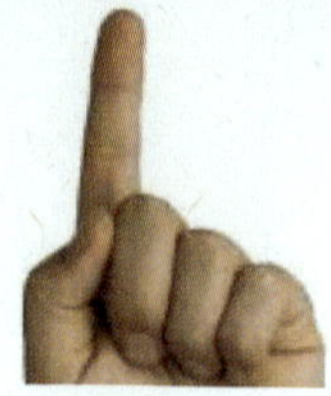

one

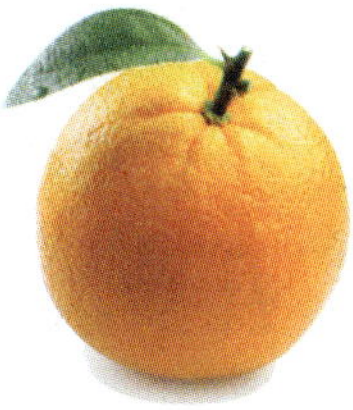

orange

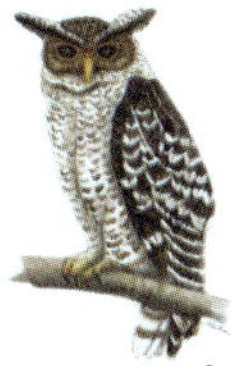

owl

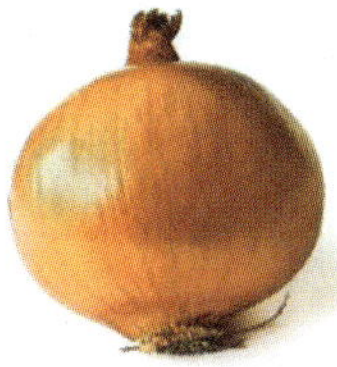

onion

o o o o o o o o o o

p

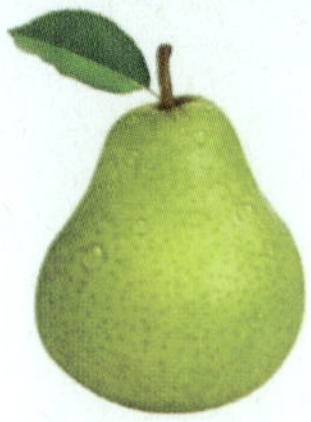

pear

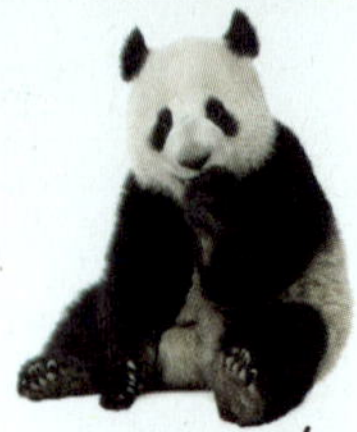

panda

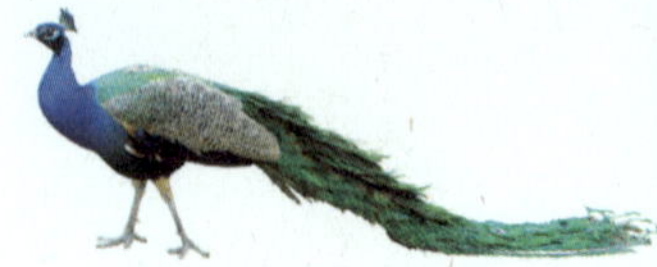

peacock

p p p p p p p p p p

p p p p p p p p p

p p p p p p p p

p p p p p p p

p p p p p p

p p p p p

p p p p

p p p

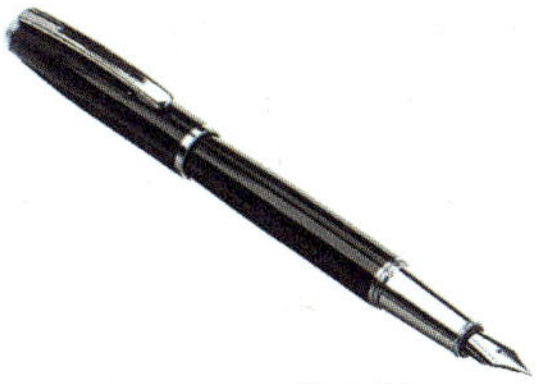

pen

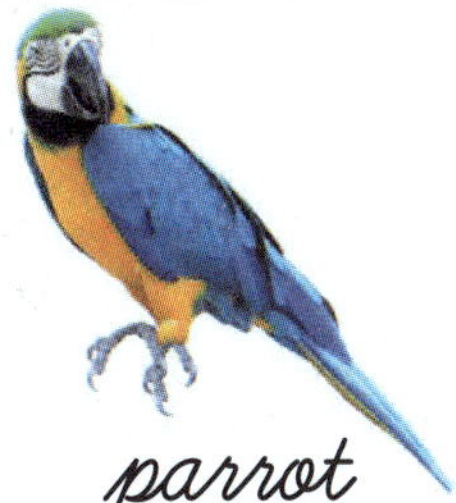

parrot

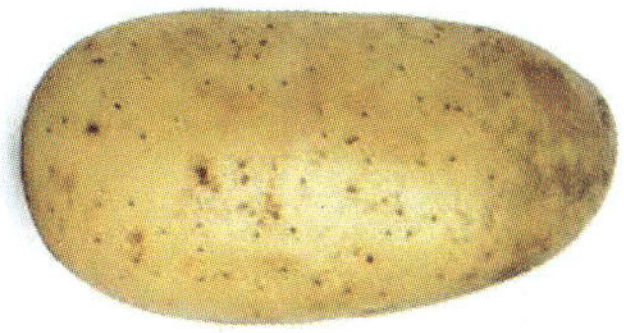

potato

p p p p p p p p p p

p p p p p p p p p

p p p p p p p p

p p p p p p p

p p p p p p

p p p p p

p p p p

p p p

Q

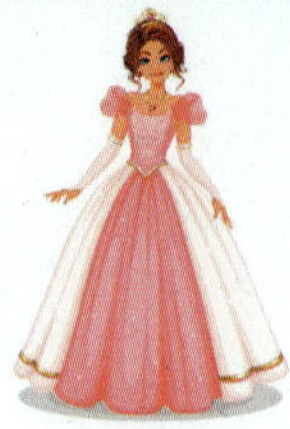

queen

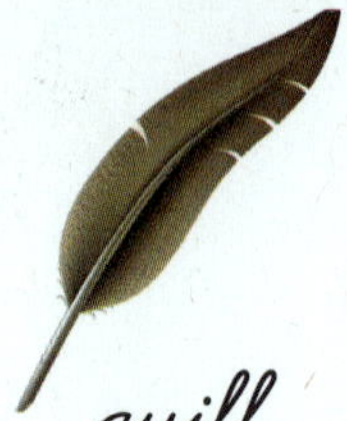

quill

question mark

Q Q Q Q Q Q Q Q Q Q

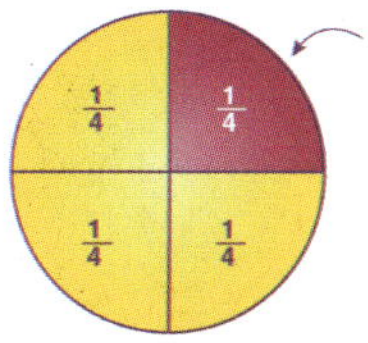

quarter

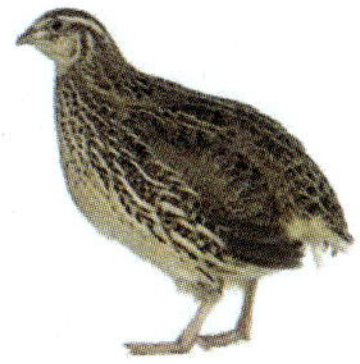

quail

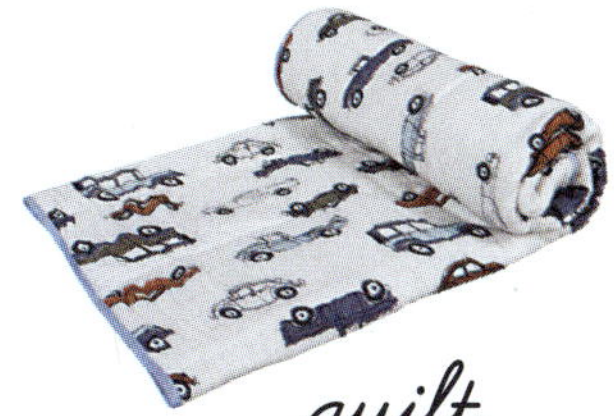

quilt

q q q q q q q q q q

q q q q q q q q q

q q q q q q q q

q q q q q q q

q q q q q q

q q q q q

q q q q

q q q

r

rainbow

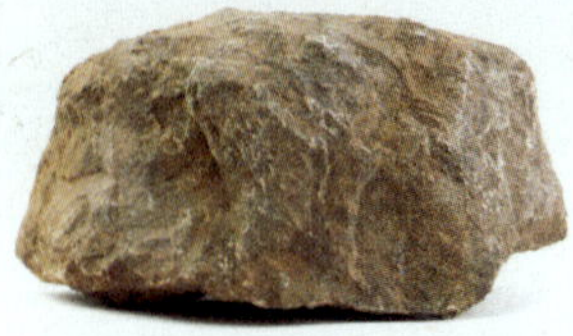

rock

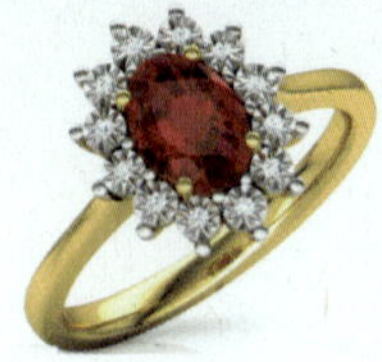

ring

r r r r r r r r r r

r r r r r r r r r

r r r r r r r r

r r r r r r r

r r r r r r

r r r r r

r r r r

r r r

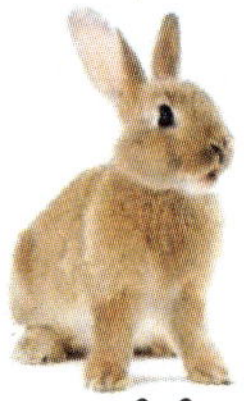

rabbit

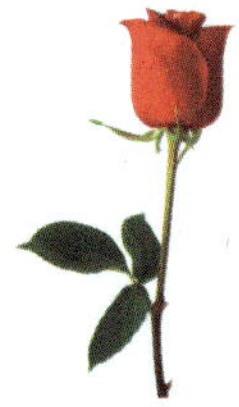

rose

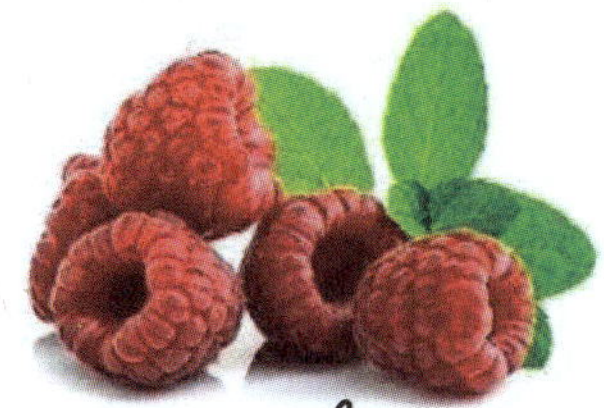

raspberry

r	r	r	r	r	r	r	r	r	r

s

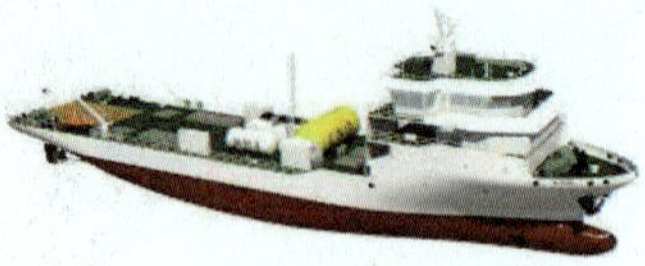

ship

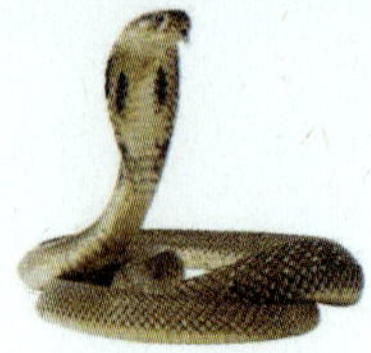

snake

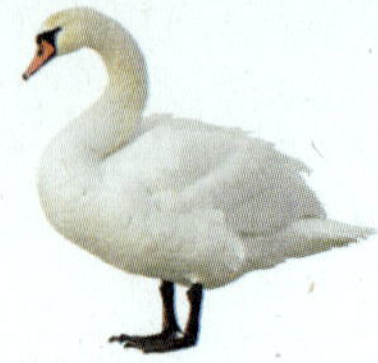

swan

s s s s s s s s s s

s s s s s s s s s

s s s s s s s s

s s s s s s s

s s s s s s

s s s s s

s s s s

s s s

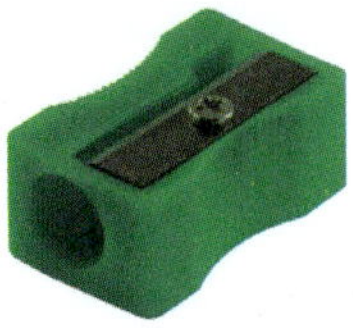

sharpener

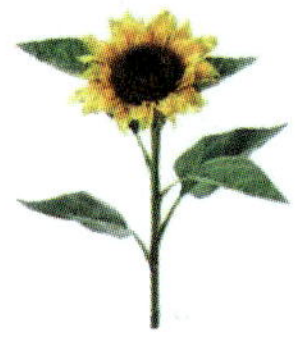

sunflower

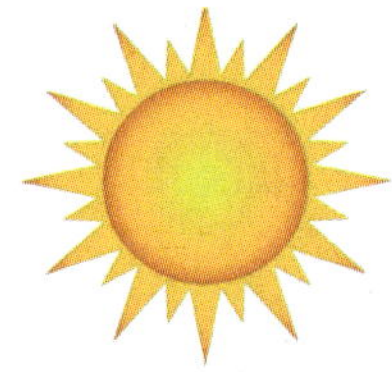

sun

s s s s s s s s s s

s s s s s s s s s

s s s s s s s s

s s s s s s s

s s s s s s

s s s s s

s s s s

s s s

t

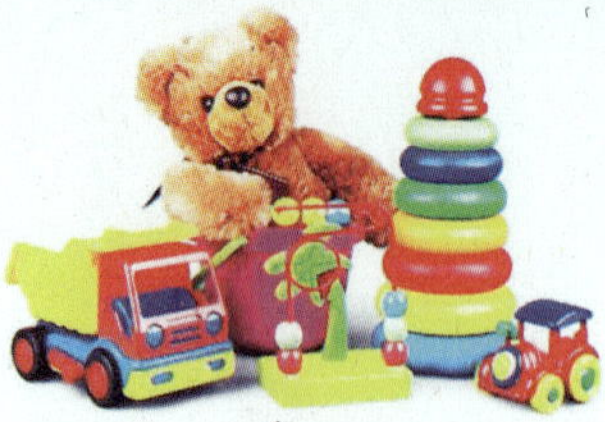
toy

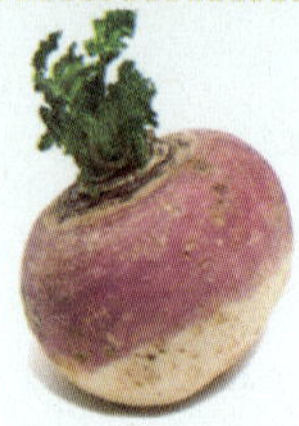
turnip

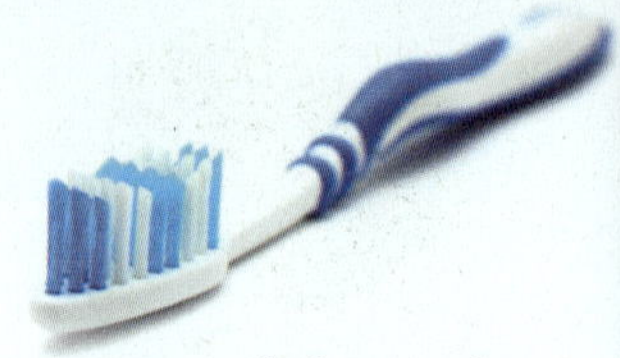
toothbrush

t t t t t t t t t t

t t t t t t t t t

t t t t t t t t

t t t t t t t

t t t t t t

t t t t t

t t t t

t t t

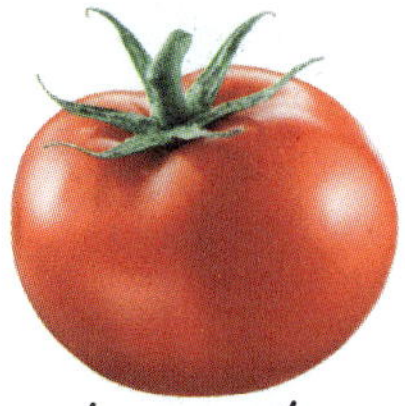

tomato

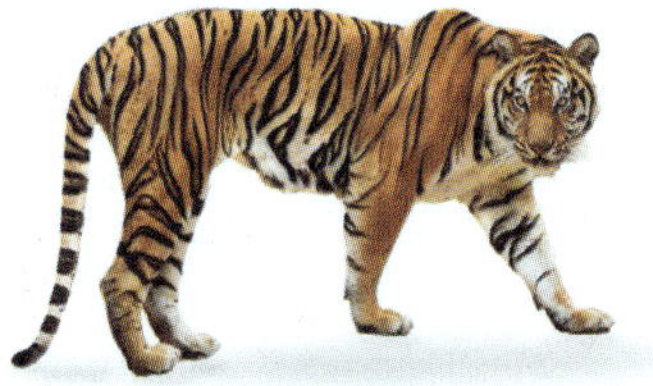

tiger

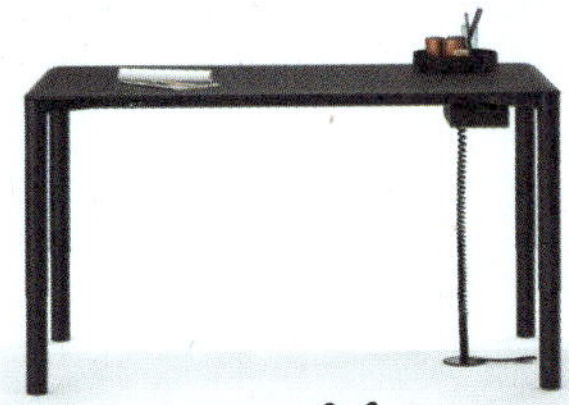

table

t t t t t t t t t t

t t t t t t t t t

t t t t t t t t

t t t t t t t

t t t t t t

t t t t t

t t t t

t t t

u

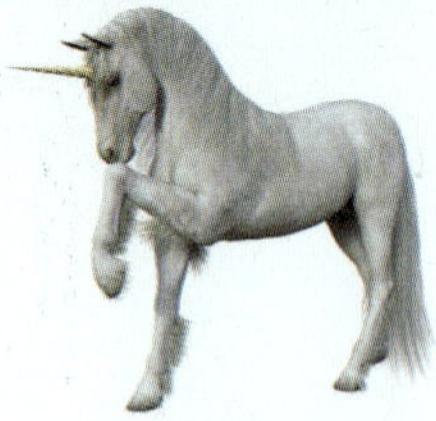

unicorn

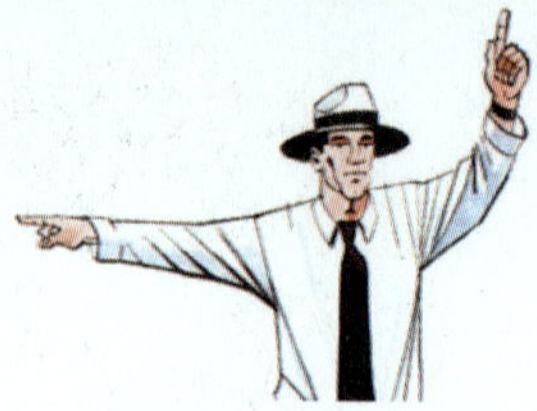

umpire

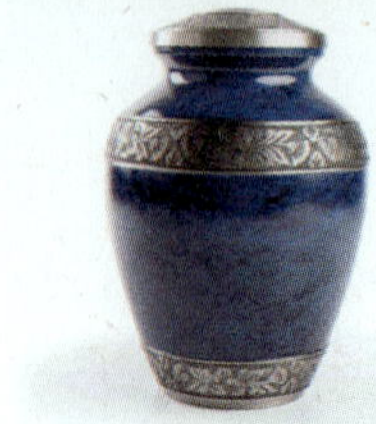

urn

u	u	u	u	u	u	u	u	u	u
u	u	u	u	u	u	u	u	u	
u	u	u	u	u	u	u	u		
u	u	u	u	u	u	u			
u	u	u	u	u	u				
u	u	u	u	u					
u	u	u	u						
u	u	u							

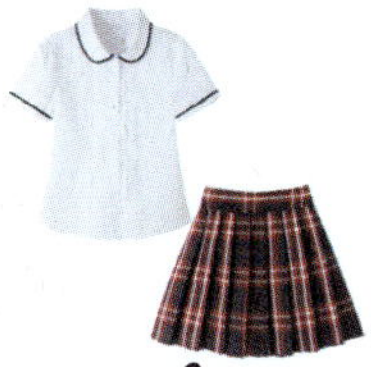

uniform

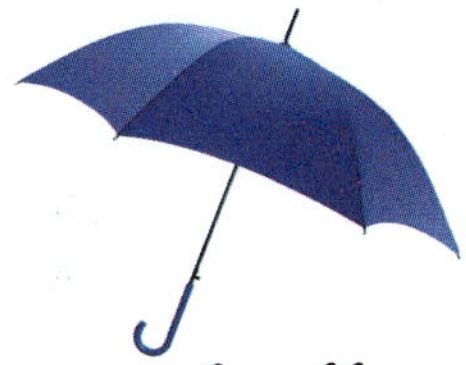

umbrella

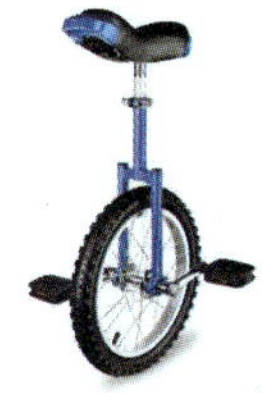

unicycle

u	u	u	u	u	u	u	u	u	u
u	u	u	u	u	u	u	u	u	
u	u	u	u	u	u	u	u		
u	u	u	u	u	u	u			
u	u	u	u	u	u				
u	u	u	u	u					
u	u	u	u						
u	u	u							

v

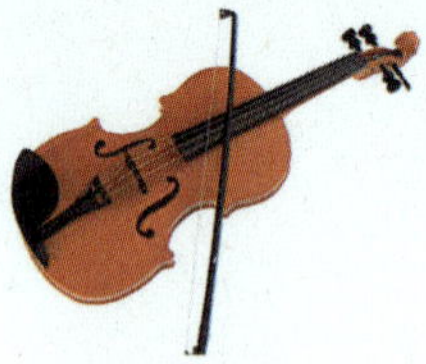

violin

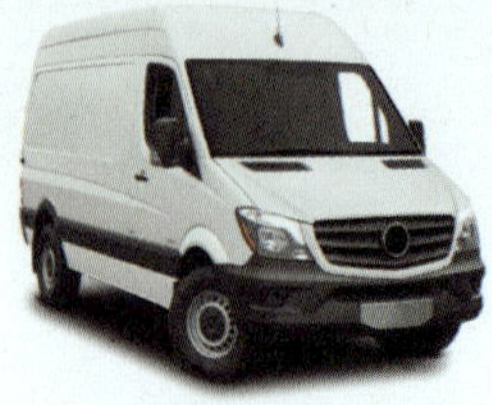

van

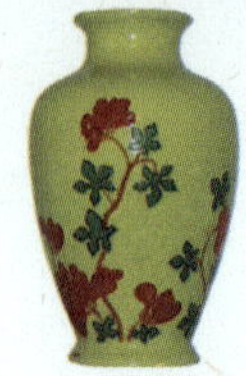

vase

v	v	v	v	v	v	v	v	v	v
v	v	v	v	v	v	v	v	v	
v	v	v	v	v	v	v	v		
v	v	v	v	v	v	v			
v	v	v	v	v	v				
v	v	v	v	v					
v	v	v	v						
v	v	v							

w

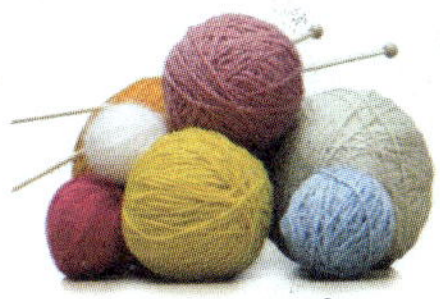

wool

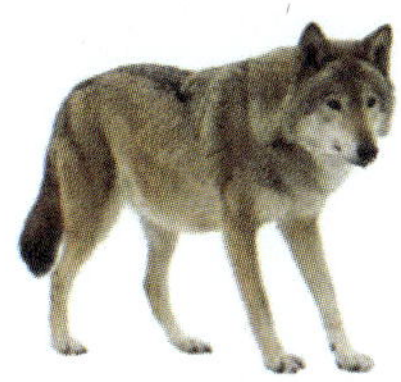

wolf

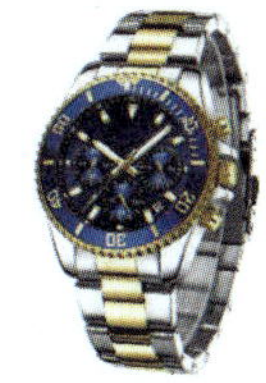

watch

w w w w w w w w w w

w w w w w w w w w

w w w w w w w w

w w w w w w w

w w w w w w

w w w w w

w w w w

w w w

x

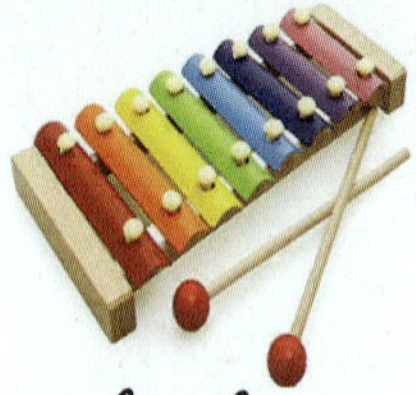

xylophone

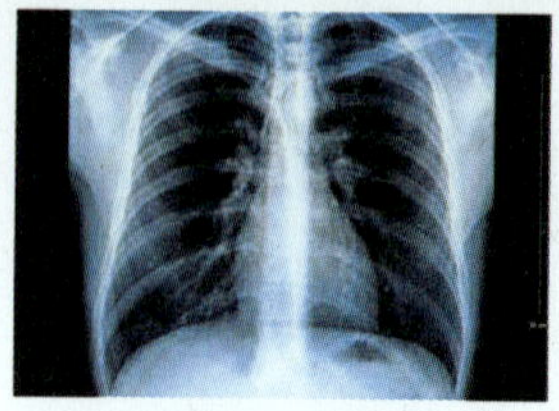

x-ray

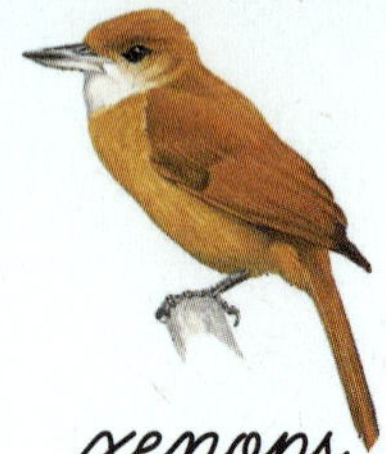

xenops

x x x x x x x x x x

y

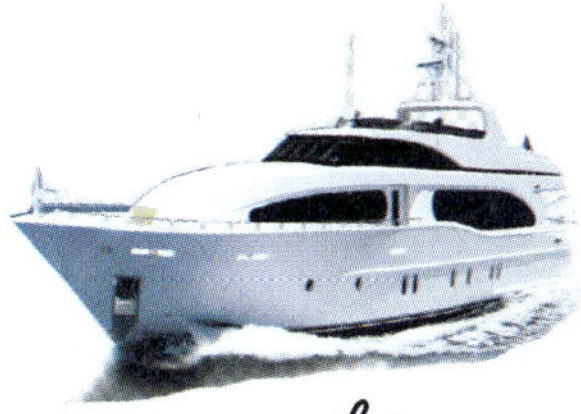

yacht

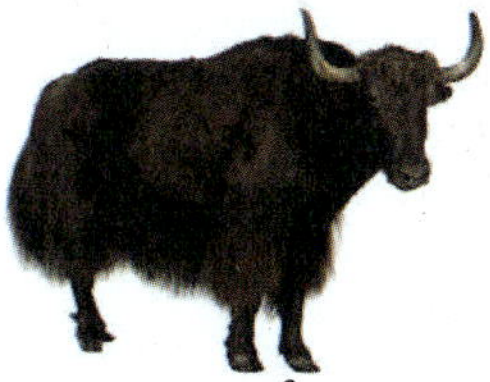

yak

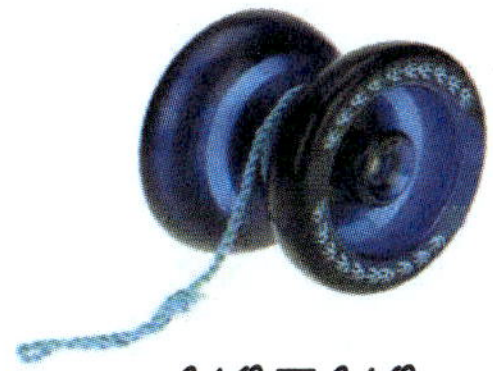

yo-yo

y	y	y	y	y	y	y	y	y	y

z

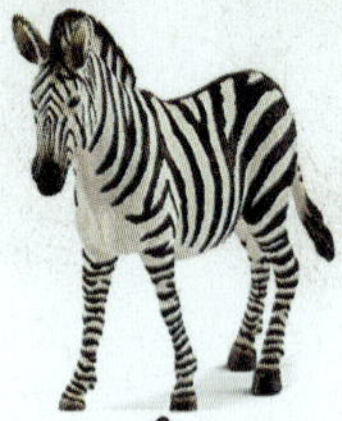

zebra

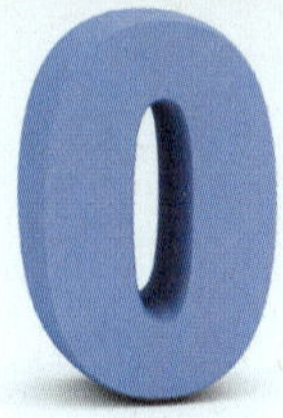

zero

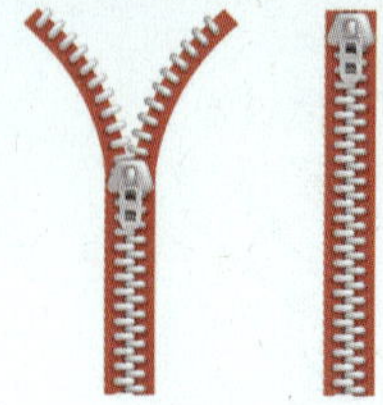

zip